Garfield

ALBUM GARFIELD #37

PRESSES AVENTURE

Première édition en 2003.

Publié par **Presses Aventure,** une division de
Les Publications Modus Vivendi inc.
55, rue Jean-Talon Ouest, 2e étage
Montréal (Québec)
Canada
H2R 2W8

Infographie : Modus Vivendi
Version française : Marc Alain

Dépôt légal – Bibliothèque et Archives nationales du Québec, 2008
Dépôt légal – Bibliothèque et Archives Canada, 2008

ISBN-13 : 978-2-89543-865-6

Nous reconnaissons le soutien financier du gouvernement du Canada par l'entremise du Programme d'aide au développement de l'industrie de l'édition (PADIÉ) pour nos activités d'édition.

Gouvernement du Québec – Programme de crédit d'impôt pour l'édition de livres – Gestion SODEC

LES 10 PRÉTEXTES QUE LES FEMMES EMPLOIENT LE PLUS POUR SE DÉFILER DE JON

10. «NAVRÉE, JE NE SORS JAMAIS AVEC UNE CRÉATURE QUI N'APPARTIENT PAS À L'ESPÈCE HUMAINE.»

9. «JE VAIS ME LAVER LES CHEVEUX PENDANT LA SEMAINE. CHACUN D'EUX. UN À UN.»

8. «JE SUBIS UN CHANGEMENT DE SEXE.»

7. «JE SOUFFRE D'UN GRAVE BLOCAGE DES ORTEILS.»

6. «ZUT ! JE DOIS PASSER PRENDRE MON ZOMBAT CHEZ LE TAXIDERMISTE CE SOIR-LÀ.»

5. «IMPOSSIBLE. JE DONNE UN REIN CE WEEK-END.»

4. «CE SOIR-LÀ, J'ÉPILE À LA CIRE LA MOUSTACHE DE MA GRAND-MÈRE.»

3. «JE DOIS RESTER À LA MAISON POUR PASSER LE FIL DENTAIRE À MA LOUTRE.»

2. «JE SUIS ALLERGIQUE AUX ABRUTIS.»

1. «J'AIMERAIS MIEUX NAGER DANS UN FLEUVE QUI GROUILLE DE PIRANHAS DÉGUISÉE EN PAIN DE VIANDE.»

Garfield
REGARDE CETTE JOLIE FILLE DANS LES VAGUES, GARFIELD. JE VAIS ATTIRER SON ATTENTION
REQUIN EN VUE !
YAAAHHH! EEEEK! YAAAH
© 2000 PAWS, INC./Distributed by Universal Press Syndicate
REGARDE ! ELLE VIENT VERS MOI
VLAN!
COMMENT OSEZ-VOUS CRÉER UNE TELLE PANIQUE ?
JPM DAVIS 4-9
QUE POURRAIT-IL M'ARRIVER DE PIRE ?
ON M'A APPELÉ ?

FLÛTE QUE C'EST LONG!
TAP TAP
LES PANNEAUX D'ARRÊT NE PASSENT PAS AU VERT, CRÉTIN
© 2000 PAWS, INC/Distributed by Universal Press Syndicate
JIM DAVIS 4-10
www.garfield.com

J'AI FAIM
QUE FABRIQUES-TU DANS LA BOÎTE À GANTS ?
JE CHERCHE UN CASSE-CROÛTE
T'EN VEUX ? IL Y A DU KETCHUP, DE LA MOUTARDE, DE LA RELISH, DU SEL ET DE LA SAUCE SOJA
© 2000 PAWS, INC/Distributed by Universal Press Syndicate
JIM DAVIS 4-11
www.garfield.com

JON A LAVÉ LE PARE-BRISE CE MATIN ET CELA SIGNIFIE EN GÉNÉRAL...
SPLAP
VOUS AVEZ DEVINÉ
OUAH!
JIM DAVIS 4-12
© 2000 PAWS, INC/Distributed by Universal Press Syndicate
www.garfield.com

DEUX JOYEUX HAMBURGERS
VOUS NE SEMBLEZ PAS JOYEUX
JIM DAVIS 4-13
© 2000 PAWS, INC./Distributed by Universal Press Syndicate
J'AI DIT : « DEUX JOYEUX HAMBURGERS », L'AMI !
PEUT-ÊTRE PRÉFÉRERIEZ-VOUS UN HAMBURGER MAUSSADE ?
www.garfield.com
JOYEUX HAMBURGERS !
DES FRITES **MALPOLIES,** EN ACCOMPAGNEMENT ?

J'ATTENDS UN APPEL IMPORTANT
JIM DAVIS 4-14
© 2000 PAWS, INC./Distributed by Universal Press Syndicate
www.garfield.com
MÊME UN FAUX NUMÉRO SERAIT IMPORTANT !
JE TE LAISSE À TES FANTASMES

GARFIELD, JE VIENS DE VOIR UN RAT
© 2000 PAWS, INC./Distributed by Universal Press Syndicate
ASSEZ GROS POUR BOUFFER UN CHIEN !
www.garfield.com
FAIS QUELQUE CHOSE !
ODIE, PAR ICI !
JIM DAVIS 4-15

GARFIELD
JIM DAVIS 4-16
© 2000 PAWS, INC./Distributed by Universal Press Syndicate
GRATTE
GRATTE
GRATTE
« CHER
AGENDA... »
CHER
ARBUCKLE

BANG
BANG
BANG
BANG
WHAM!
© 2000 PAWS, INC./Distributed by Universal Press Syndicate
MAMAN!
www.garfield.com
EUH, JE VEUX DIRE AÏE!
TROP TARD!
JIM DAVIS 4-17

AÏE!
UNE COUPURE FAITE PAR DU PAPIER
© 2000 PAWS, INC./Distributed by Universal Press Syndicate
AÏÏE!
UNE COUPURE FAITE PAR L'ENVELOPPE
www.garfield.com
OUILLE!
SANS DOUTE UNE COUPURE FAITE PAR LE TIMBRE
JIM DAVIS 4-18

CHE ME CHUIS COUHÉ HA HANGUE EN HÉCHANT H'ENVEHOPPE
© 2000 PAWS, INC./Distributed by Universal Press Syndicate
DES CROUSTILLES ?
MERCI
www.garfield.com
NYAAH
GAAHH
NYAH NYAH
GAH GAH
GAH
LE SEL DE LA VIE
JIM DAVIS 4-19

BANG
BANG
BANG
BANG
WHAM!
© 2000 PAWS, INC./Distributed by Universal Press Syndicate
OUILLE! PAR EXEMPLE...
www.garfield.com
VOILÀ UNE JOLIE TEINTE...
DIS ADIEU À M. L'ONGLE
JIM DAVIS 4-20

SSS SSS
SSS SSS
SSS SSS
SSS SS-
FLÛTE!
© 2000 PAWS, INC./Distributed by Universal Press Syndicate
J'ESPÈRE QUE JE POURRAI LE RECOUDRE
JIM DAVIS 4-21
www.garfield.com
GARFIELD, J'AI PERDU UN BOUTON... GARFIELD ?

BANG BANG
BANG BANG
BANG BANG
© 2000 PAWS, INC./Distributed by Universal Press Syndicate
BANG BANG BANG
BANG BANG BANG
BANG BANG BANG
BANG BANG BANG
BANG BANG BANG
www.garfield.com
FLÛTE QUE CE CLOU EST LONG
ENFONCE-LE AVEC TON FRONT
JIM DAVIS 4-22

Garfield®
© 2000 PAWS, INC./Distributed by Universal Press Syndicate
JPM DAVIS 4-23

NOUS AVONS BESOIN DE CHANGEMENT
© 2000 PAWS, INC./Distributed by Universal Press Syndicate
JIM DAVIS 4·24
www.garfield.com
QU'EN DIS-TU ?
C'EST UN DÉBUT

LA NAPPE NE SUFFIT PAS; NOUS DEVONS JAZZER NOTRE INTÉRIEUR
© 2000 PAWS, INC./Distributed by Universal Press Syndicate
www.garfield.com
JIM DAVIS 4·25

LA CUVETTE DÉBORDE !
© 2000 PAWS, INC./Distributed by Universal Press Syndicate
www.garfield.com
ODIE-LA-VENTOUSE À LA RESCOUSSE
JIM DAVIS 4·26

DING DONG ♪
JIM DAVIS 4·27
© 2000 PAWS, INC./Distributed by Universal Press Syndicate
www.garfield.com
UN VENDEUR DE DICTIONNAIRES VEUT TE DIRE UN MOT

JE DEMEURE POSITIF, GARFIELD. LE TÉLÉPHONE **SONNERA**, CE SERA UNE **FEMME** ET ELLE **M'INVITERA** À UNE SOIRÉE!
© 2000 PAWS, INC./Distributed by Universal Press Syndicate
♪ RIING
ALLÔ!
www.garfield.com
ALORS ?
J'EMMÈNE MAMAN AU BINGO SAMEDI
JIM DAVIS 4·28

GARFIELD, NE TOUCHE PAS À MA NOUVELLE PLANTE
JIM DAVIS 4·29
© 2000 PAWS, INC./Distributed by Universal Press Syndicate
ELLE M'A COÛTÉ CHER
www.garfield.com
ET EST EXOTIQUE
ET LIANTE

GARFIELD®
© 2000 PAWS, INC./Distributed by Universal Press Syndicate
SMACK!
SMACK!
JIM DAVIS 4-30
QUE FAIS-TU, GARFIELD ?
JE M'EXERCE À FEINDRE L'EXASPÉRATION
JE FILME MON TIROIR DE CHAUSSETTES
SMACK!

VOICI MON GRAND-ONCLE NORBERT
JIM DAVIS 5-1
© 2000 PAWS, INC./Distributed by Universal Press Syndicate
C'ÉTAIT UN ÉLECTRICIEN DALTONIEN
www.garfield.com
IL DISTINGUAIT MAL LES FILS NOIRS DES ROUGES
ÉTONNANTE COIFFURE

VOICI MON GRAND-ONCLE FLOYD. IL CONDUISAIT UN FOURGON DE DYNAMITAGE
© 2000 PAWS, INC./Distributed by Universal Press Syndicate
ET LE VOICI À NOUVEAU...
www.garfield.com
ET ICI, ET ICI, ET ICI...
JIM DAVIS 5-2

VOICI UNE PHOTO DE DÉBRIS, LE CHIEN DE NOS VOISINS À LA FERME
© 2000 PAWS, INC./Distributed by Universal Press Syndicate
IL ADORAIT RAPPORTER LES BÂTONS
www.garfield.com
UN JOUR, IL EST ALLÉ CHERCHER LE BÂTON DROIT DANS LA BATTEUSE
AU MOINS, IL A MÉRITÉ SON NOM
JIM DAVIS 5-3

... ET VOICI MON VIEIL ONCLE BUFORD, UN CÉLIBATAIRE ENDURCI
© 2000 PAWS, INC./Distributed by Universal Press Syndicate
JE N'AI JAMAIS COMPRIS POURQUOI
www.garfield.com
PEUT-ÊTRE À CAUSE DE SON TROISIÈME BRAS...
LE PRÊT-À-PORTER ÉTAIT HORS DE QUESTION
JIM DAVIS 5-4

... ET VOICI MON COUSIN LÉONARD
JIM DAVIS 5-5
© 2000 PAWS, INC./Distributed by Universal Press Syndicate
IL DISAIT AVOIR ÉTÉ ENLEVÉ PAR DES EXTRATERRESTRES
www.garfield.com
CE QUE DÉMENTAIENT CES DERNIERS
J'AI LA FROUSSE **À PRÉSENT.** ET VOUS ?

VOICI MON VIEIL ONCLE ENOS
JIM DAVIS 5-6
© 2000 PAWS, INC./Distributed by Universal Press Syndicate
IL ÉTAIT CHAMPION NETTOYEUR DE TROGNONS
www.garfield.com
IL A GAGNÉ TROIS PRIX
AVEC SES SIX DOIGTS, À CE QUE JE VOIS

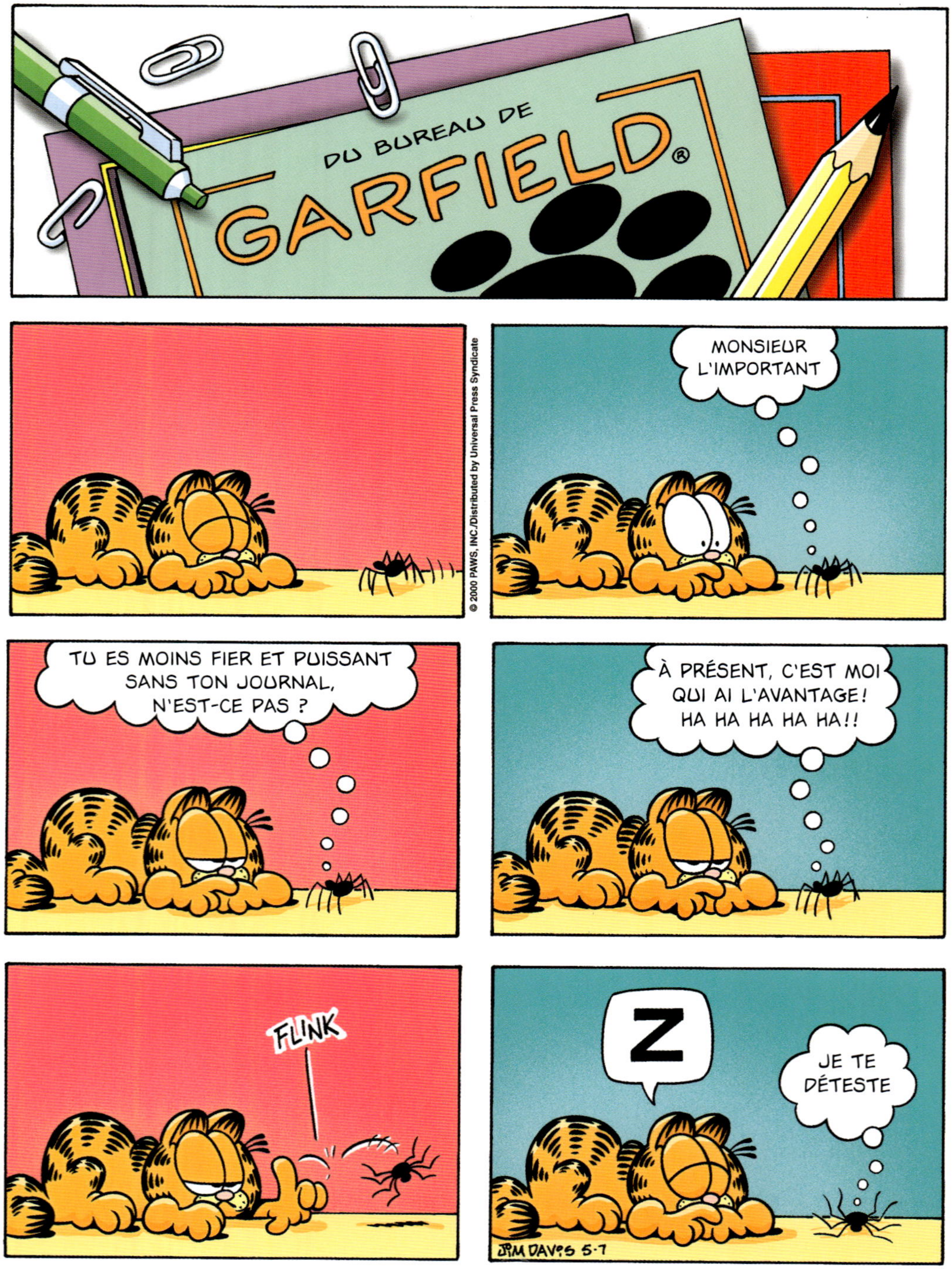
DU BUREAU DE
GARFIELD®
© 2000 PAWS, INC./Distributed by Universal Press Syndicate
MONSIEUR L'IMPORTANT
TU ES MOINS FIER ET PUISSANT SANS TON JOURNAL, N'EST-CE PAS ?
À PRÉSENT, C'EST MOI QUI AI L'AVANTAGE ! HA HA HA HA HA !!
FLINK
Z
JE TE DÉTESTE
JIM DAVIS 5-7

ATTENTION, ATTENTION !
© 2000 PAWS, INC./Distributed by Universal Press Syndicate
J'AI L'OURSON AVEC MOI !
www.garfield.com
SORS DU LIT SUR-LE-CHAMP !
TU NE M'AURAS JAMAIS ÉVEILLÉ
JIM DAVIS 5-8

LES PERSONNES OBÈSES S'INTERROGENT SUR TOUT...
© 2000 PAWS, INC./Distributed by Universal Press Syndicate
AI-JE DE LA VITALITÉ ? COMMENT VA LA SANTÉ ?
JIM DAVIS 5-9
EST-CE QUE JE PORTE DES MOCASSINS ?

J'AI ENSEIGNÉ UN NOUVEAU TRUC À ODIE
© 2000 PAWS, INC./Distributed by Universal Press Syndicate
QUI A BRISÉ CE VASE ?
www.garfield.com
JIM DAVIS 5-10
FAIS SEMBLANT QUE C'EST TOI, ODIE !

MERCI, LIZ
JIM DAVIS 5-11
© 2000 PAWS, INC./Distributed by Universal Press Syndicate
GARFIELD, C'ÉTAIT LA VÉTÉRINAIRE !
www.garfield.com
TU AS UNE MYCOSE !
CHOUETTE ! REDIS-LE PLUS FORT, TU VEUX ?

GINA, AUCUNE FILLE N'A JAMAIS REGRETTÉ D'ÊTRE SORTIE AVEC MOI
JIM DAVIS 5-12
© 2000 PAWS, INC./Distributed by Universal Press Syndicate
QUELQUES-UNES ÉTAIENT PEUT-ÊTRE VEXÉES
www.garfield.com
D'ACCORD ! ELLES ONT CHANGÉ D'IDENTITÉ ET DE PAYS !
MAIS SANS REGRET

IL FAUT TOUJOURS S'ÉTIRER AVANT DE PRENDRE DE L'EXERCICE
© 2000 PAWS, INC./Distributed by Universal Press Syndicate
COMPRIS
www.garfield.com
NE JAMAIS S'ÉTIRER
JIM DAVIS 5-13

garfield
PERSONNE NE ME COMPREND !
PAS TOI !
NI TOI !
MA CHAUSSETTE FÉTICHE ME COMPREND UN PEU...
MAIS PAS VOUS !
VOILÀ UNE BONNE CHOSE, HEIN ODIE ?
JIM DAVIS 5·14
© 2000 PAWS, INC./Distributed by Universal Press Syndicate

JON FAIT DES TRAVAUX D'AMÉNAGEMENT
TWANG
© 2000 PAWS, INC./Distributed by Universal Press Syndicate
www.garfield.com
IL TENTE DE RÉGLER SON FAUTEUIL À BASCULE
CRASH!
JIM DAVIS 5-15

BIENVENUE! VOUS ARRIVEZ À TEMPS POUR VOIR JON VISSER UNE AMPOULE
VISSE VISSE VISSE
VISSE VISSE VISSE
© 2000 PAWS, INC./Distributed by Universal Press Syndicate
VISSE VISSE VISSE
VISSE VISSE VISSE
www.garfield.com
ZUT!
VERS LA DROITE, GÉNIE!
JIM DAVIS 5-16

REBONJOUR. AUJOURD'HUI, JON...
JIM DAVIS 5-17
© 2000 PAWS, INC./Distributed by Universal Press Syndicate
www.garfield.com
... REMPLACE LA RONDELLE DE CAOUTCHOUC DU ROBINET DE CUISINE
SAUVE QUI PEUT!

CHIC! UN BEIGNET AU CHOCOLAT
JPM DAVIS 5-18
© 2000 PAWS, INC./Distributed by Universal Press Syndicate
POW!
www.garfield.com
HÉ, OÙ SE TROUVE MA CHAMBRE À AIR ?!

VENDREDI SOIR
JPM DAVIS 5-19
© 2000 PAWS, INC./Distributed by Universal Press Syndicate
www.garfield.com
JE PARIE QUE LA SONNERIE EST BRISÉE
SI C'EST CE QUE TU VEUX CROIRE

WHIRRRRRRRRRRRRRRRRR
JPM DAVIS 5-20
© 2000 PAWS, INC./Distributed by Universal Press Syndicate
BLEEEAACCKKK
YACK ACK ACK ACK
G-G-G-G-GACK...
www.garfield.com
SATANÉ MÉLANGEUR!
DIRE QUE C'ÉTAIT TA PLUS JOLIE CRAVATE

GARFIELD
DRELIN
ALLÔ ?
© 2000 PAWS, INC./Distributed by Universal Press Syndicate
OUI, MME FEENY... VOTRE PETIT CHIEN ?... VOLÉ SON COLLIER ?... TONDU RAS ?... PEINT EN VERT ?... EUH... EUH... OUUI
NON, IL A ROUPILLÉ TOUTE LA JOURNÉE. OUI, VRAIMENT TOUTE LA JOURNÉE. VRAIMENT. AU REVOIR
JIM DAVIS 5-21

ALORS GARFIELD
COMMENT VA LA PARESSE ?
LENTEMENT
JIM DAVIS 5-22
© 2000 PAWS, INC./Distributed by Universal Press Syndicate
www.garfield.com

LES CHATS ET LES SOURIS SONT **CENSÉS** ÊTRE ENNEMIS
CAPTIVANT
CELA MÉRITE QUE L'ON EN DISCUTE
J'AI DU VIN ET DU FROMAGE CHEZ MOI
JIM DAVIS 5-23
www.garfield.com
Distributed by Universal Press Syndicate
© 2000 PAWS, INC. All Rights Reserved.

J'EN AI SOUPÉ DE VOIR TA GUEULE, ODIE
BIEN. FAIS LA GERBOISE, À PRÉSENT
JIM DAVIS 5-24
© 2000 PAWS, INC./Distributed by Universal Press Syndicate
www.garfield.com

JIM DAVIS 5-25
© 2000 PAWS, INC./Distributed by Universal Press Syndicate
AAA! AAA!
www.garfield.com
J'AI UNE CRAMPE
À LA JAMBE!
ON NE PARLE
TOUJOURS QUE
DE **TOI**, NON ?

DING-DONG
© 2000 PAWS, INC./Distributed by Universal Press Syndicate
ÊTES-VOUS LA
COPINE DE JON ?
www.garfield.com
TAPEZ DU SABOT UNE FOIS POUR OUI,
DEUX FOIS POUR NON
JIM DAVIS 5-26

JIM DAVIS 5-27
© 2000 PAWS, INC./Distributed by Universal Press Syndicate
www.garfield.com
OUF!

garfield®
com
© 2000 PAWS, INC./Distributed by Universal Press Syndicate
GARFIELD, J'AI LE SENTIMENT QUE LA VIE NOUS ÉCHAPPE
JIM DAVIS 5-28
JE DIRAIS PLUTÔT QU'ELLE A UN TOUR D'AVANCE SUR NOUS

QUE RECEVRONS LES DEUXIÈME ET TROISIÈME, BOB ?
CHACUN REÇOIT UN PRIX DE CONSOLATION, CHUCK...
DES ALLERS SIMPLES POUR RATÉVILLE!
ENFIN, UN JEU HONNÊTE
© 2000 PAWS, INC./Distributed by Universal Press Syndicate
www.garfield.com
JIM DAVIS 5-29

BIENVENUE À L'OPÉRA
CLIC
BIENVENUE À «CHEFS-D'ŒUVRE DE LA LITTÉRATURE»
CLIC
BIENVENUE À «LA LUTTE PROFESSIONNELLE ENTRE CHIMPANZÉS»
CHIC!
© 2000 PAWS, INC./Distributed by Universal Press Syndicate
www.garfield.com
JIM DAVIS 5-30

WOUF! WOUF!
WOUF! WOUF!
WOUF! WOUB!
COUPEZ!
DÉBILE
© 2000 PAWS, INC./Distributed by Universal Press Syndicate
www.garfield.com
JIM DAVIS 5-31

VOICI UN TYPE QUI PEUT PARLER À L'ENVERS !
© 2000 PAWS, INC./Distributed by Universal Press Syndicate
BONSOIR MONSIEUR
www.garfield.com
RIOSNOB
ELBAYORCNI

CE SOIR, NOUS RECEVONS UN HOMME SANS GENOUX
© 2000 PAWS, INC./Distributed by Universal Press Syndicate
BONSOIR, MONSIEUR. ASSEYEZ-VOUS
www.garfield.com
VOUS RIEZ DE MOI OU QUOI ?
ON EST SUSCEPTIBLE
DEMANDE-LUI COMMENT IL NOUE SES LACETS

CLIC
CLIC
© 2000 PAWS, INC./Distributed by Universal Press Syndicate
CLIC
CLIC
CLIC
CLIC
www.garfield.com
«TRICOTONS EN CHŒUR » VOUS REVIENT
CONTRAIREMENT À MOI

GARFIELD®
QUELLE EST MA RAISON DE VIVRE ?
GARFIELD
© 2000 PAWS, INC./Distributed by Universal Press Syndicate
JE VIS POUR TE NOURRIR
QUOI ? UN WEEK-END À HAWAII ? NON, JE DOIS NOURRIR LE CHAT
LA MÉDAILLE DU MÉRITE ? NON, MON CHAT N'A PAS MANGÉ DEPUIS TROIS MINUTES
JIM DAVIS 6-4
NOUS SOMMES ICI POUR FAIRE L'ÉLOGE DE JON QUI S'EST CONSACRÉ À SERVIR DE LA PÂTÉE
COLLE-MOI UN TIMBRE SUR LE FRONT ET POSTE-MOI À RATÉVILLE!
C'EST FROID

LA VÉTÉRINAIRE NOUS RAPPELLE QUE C'EST LE MOMENT DE TON BILAN DE SANTÉ
JIM DAVIS 6-5
© 2000 PAWS, INC./Distributed by Universal Press Syndicate
QUI SAIT ? ELLE TE DÉCOUVRIRA PEUT-ÊTRE DES MALADIES...
www.garfield.com
AINSI, NOUS POURRONS LA VOIR ENCORE ET ENCORE
PERCEVEZ-VOUS L'AMOUR QUI EXISTE ENTRE NOUS ?

TU VEUX FAIRE UNE RANDONNÉE EN BAGNOLE, GARFIELD ?
OH HO !
JIM DAVIS 6-6
© 2000 PAWS, INC./Distributed by Universal Press Syndicate
CETTE QUESTION SIGNIFIE DE DEUX CHOSES L'UNE : LA VÉTÉ OU LA FERME
www.garfield.com
JE M'ASPERGE D'EAU DE COLOGNE ET NOUS PARTONS
LA VÉTÉ

NOUS VOILÀ À LA CLINIQUE, GARFIELD. SOIS SAGE
JIM DAVIS 6-7
© 2000 PAWS, INC./Distributed by Universal Press Syndicate
SOUVIENS-TOI QUE L'AQUARIUM DE LA SALLE D'ATTENTE N'EST PAS UN BUFFET
SLAM!
www.garfield.com
DONC LA BAVETTE, LE BEURRE CLARIFIÉ ET LE CITRON RESTENT DANS L'AUTO
TU ES RABAT-JOIE, TU SAIS

NOUS VENONS POUR LE BILAN DE SANTÉ DE GARFIELD
JIM DAVIS 6-8
© 2000 PAWS, INC./Distributed by Universal Press Syndicate
www.garfield.com
QUELLE ESPÈCE ?
CHAT
ET VOUS, MADAME ?

JE HAIS LES SALLES D'ATTENTE
www.garfield.com
© 2000 PAWS, INC./Distributed by Universal Press Syndicate
JE HAIS LES BROCHURES QUI TRAÎNENT ICI
JIM DAVIS 6-9
REGARDE, UN POIL DE NEZ INCARNÉ !
QUELQU'UN A-T-IL UN ANALGÉSIQUE ?

JE HAIS LE BUREAU DE LA VÉTÉRINAIRE
JIM DAVIS 6-10
© 2000 PAWS, INC./Distributed by Universal Press Syndicate
ON DEVRAIT AU MOINS SERVIR LE CAFÉ
www.garfield.com
ET PRÉVOIR UNE AUTRE SALLE POUR LES CHIENS
JE VAIS RECEVOIR UNE INJECTION ! CHOUETTE !

GARFIELD
CLINIQUE
PURDUE UNIVERSITY
JIM DAVIS 6-11
KAFF KAFF
HACK
HACK
GAG
© 2000 PAWS, INC/Distributed by Universal Press Syndicate
LA VÉTÉ A PRÈS D'UNE HEURE DE RETARD. ASSEYEZ-VOUS
HACK
AAK
CLINIQUE
HAAAACK
KOFF
KAFF
GACK

TON ANNIVERSAIRE APPROCHE...
LES ANNIVERSAIRES N'APPROCHENT PAS
JUIN
ILS VOUS SAUTENT DESSUS COMME UN OURS SUR UN PANIER DE PIQUE-NIQUE, COMME LA MISÈRE SUR LE PAUVRE MONDE...
COMME DES POCHES SOUS LES YEUX D'UN CHAT !
© 2000 PAWS, INC./Distributed by Universal Press Syndicate
www.garfield.com
JIM DAVIS 6·12

ODIE, BIENTÔT J'AURAI 22 ANS...
JIM DAVIS 6·13
OUF...
OUF...
HI HI
JE T'ENTENDS
© 2000 PAWS, INC./Distributed by Universal Press Syndicate
www.garfield.com

QUE VEUX-TU EN GUISE DE CADEAU D'ANNIVERSAIRE ?
C'EST SÛREMENT LA ROLLS ROYCE DES OUVRE-BOÎTES
TROIS CINQUANTE, DEUX CAMÉRAS, MOTEUR À INJECTION, CINQ VITESSES !
JIM DAVIS 6·14
© 2000 PAWS, INC./Distributed by Universal Press Syndicate
www.garfield.com

ALORS, TU VAS AVOIR 22 ANS ?
C'EST JUSTE
JIM DAVIS 6-15
© 2000 PAWS, INC./Distributed by Universal Press Syndicate
TU VEUX QU'ON PARLE DE LA JEUNESSE DE TA VÉSICULE BILIAIRE ?
www.garfield.com

VIEILLIR N'EST PAS SI MAL, GARFIELD...
AH ?
JIM DAVIS 6-16
© 2000 PAWS, INC./Distributed by Universal Press Syndicate
JE ME SOUVIENS DE MES 22 ANS...
MINUTE! NON, JE NE M'EN SOUVIENS PAS
TU VOIS ?!!
www.garfield.com

J'AI COLLÉ LE COUVERCLE DU CADEAU DE GARFIELD POUR ÉVITER QU'IL NE L'OUVRE
© 2000 PAWS, INC./Distributed by Universal Press Syndicate
ÇA LE CONTRAINDRA À SONGER TOUT LE WEEK-END
JIM DAVIS 6-17
POUR L'INSTANT, JE SONGE À DES TROUS D'AÉRATION
www.garfield.com

GARFIELD
QUELLE JOURNÉE MAGNIFIQUE!
© 2000 PAWS, INC./Distributed by Universal Press Syndicate
LE SOLEIL EST RADIEUX...
LES ABEILLES BOURDONNENT...
ZZZZZZZZZZZZZ
LES OISEAUX GAZOUILLENT...
L'ESTOMAC DU CHAT GARGOUILLE...
QUELLE JOURNÉE MAGNIFIQUE!
JIM DAVIS 6-18

NOUS SOMMES LUNDI, GARFIELD...
© 2000 PAWS, INC./Distributed by Universal Press Syndicate
JE HAIS LES LUNDIS !
www.garfield.com
C'EST TON ANNIVERSAIRE !
QUI SUIS-JE POUR CRITIQUER ?
JIM DAVIS 6-19

JIM DAVIS 6-20
© 2000 PAWS, INC./Distributed by Universal Press Syndicate
GARFIELD
www.garfield.com
AVOIR SA PROPRE PLACE DE PARKING EST UN SYMBOLE DE RÉUSSITE

JE VOUS PLAIRAIS, VELMA. JE SUIS UN TYPE TERRE À TERRE...
© 2000 PAWS, INC./Distributed by Universal Press Syndicate
TRADITION ET VIEILLE ÉCOLE ME RÉSUMENT BIEN
www.garfield.com
DONC, VOULEZ-VOUS M'ACCOMPAGNER AU CONCOURS DE PLUMAGE DE POULETS ?
MOI J'IRAIS
JIM DAVIS 6-21

J'AIMERAIS QUE LE TÉLÉPHONE SONNE ET ENTENDRE LA VOIX D'UNE BELLE FEMME
DRELIN
ALLÔ ! AL-LÔ !
ALORS ?
LE VERSEMENT SUR L'AUTO EST EN SOUF-FRANCE
JIM DAVIS 6-22
© 2000 PAWS, INC./Distributed by Universal Press Syndicate
www.garfield.com

UN BON REPAS, SUIVI D'UN BON FILM...
PAS DE BAISER À LA PORTE
SUR LA GALERIE, ELLE M'A ASSENÉ UN COUP DE POING ET S'EST ENFUIE
A-T-ELLE PIQUÉ TON PORTEFEUILLE COMME LES AUTRES ?
JIM DAVIS 6-23
© 2000 PAWS, INC./Distributed by Universal Press Syndicate
www.garfield.com

JIM DAVIS 6-24
LA VÉTÉ VIENT DE PRENDRE LA TEMPÉRATURE DE GARFIELD
PARLONS SANTÉ
PARLONS DIGNITÉ
© 2000 PAWS, INC./Distributed by Universal Press Syndicate
www.garfield.com

garfield
© 2000 PAWS, INC./Distributed by Universal Press Syndicate
GARFIELD !
TANTÔT QUAND JE SUIS SORTI, UN HAMBURGER SE TROUVAIT DANS L'ASSIETTE
À MON RETOUR, IL NE RESTAIT PLUS QU'UNE CROUSTILLE AU CORNICHON
JE ME DOUTE BIEN DE QUI IL S'AGIT MAIS JE NE VEUX PAS PRÉSUMER DU COUPABLE
DIS-MOI... QUE DOIS-JE FAIRE ?
JIM DAVIS 6·25
TU POURRAIS DE NOUVEAU SORTIR POUR QUE JE ME CHARGE DE LA CROUSTILLE

COMMENT ALLEZ-VOUS, LIZ ?
BIEN
ET COMMENT VA VOTRE AMOUREUX ?
JE N'AI PAS D'AMOU...
... REUX
TU N'AS PERSONNE À BLÂMER QUE TOI
© 2000 PAWS, INC./Distributed by Universal Press Syndicate
www.garfield.com

ASSEZ JOUÉ AU MACHO AVEC VOUS, LIZ. FAITES-MOI LE PLAISIR DE M'ACCOMPAGNER AU CINÉMA
PUISQUE VOUS LE DEMANDEZ SI GENTIMENT, J'ACCEPTE
SUPER ! CHÉRIE ! OUI !
HOU ! HOU ! HOU ! HOU !
© 2000 PAWS, INC./Distributed by Universal Press Syndicate
www.garfield.com

DING-DONG
BONJOUR LIZ
HUM... COMPLET BON MARCHÉ MAIS BIEN PRESSÉ, COIFFURE PASSABLE, CE NE SERA PEUT-ÊTRE PAS LA CATASTROPHE
NOUS SOMMES PRÊTS
TOUS AUX CANOTS !
© 2000 PAWS, INC./Distributed by Universal Press Syndicate
www.garfield.com

6-29
LE BOUQUET DE CORSAGE VOUS PLAÎT, LIZ ?
JIM DAVIS
© 2000 PAWS, INC./Distributed by Universal Press Syndicate
MAGNIFIQUE JON MAIS...
COMMENT VERRAI-JE LE FILM ?
JE POURRAIS GRIGNOTER DEUX TROUS DEVANT LES YEUX
www.garfield.com

VOUS ÊTES SÛR QUE NUL NE S'EN RENDRA COMPTE, JON ?
© 2000 PAWS, INC./Distributed by Universal Press Syndicate
OUAIS, NOUS VENONS SOUVENT À CE CINÉMA
6-30
JIM DAVIS
www.garfield.com
DEUX PLACES
HÉ MORTY, LE MONSTRE À LA QUEUE ORANGE EST DE RETOUR

QUEL FILM ALLONS-NOUS VOIR, JON ?
7-1
JIM DAVIS
© 2000 PAWS, INC./Distributed by Universal Press Syndicate
«MONSTRE DE PUS VII : L'EXSUDATION»
www.garfield.com
UN CARTON DE MAÏS ÉCLATÉ ?
NON, SEULEMENT LE CARTON
Snack Bar

GARFIELD
MMMMM
EUF!
HUM!
OUF!
HUM!

IL Y A PLUSIEURS SEMAINES QUE J'AI ENVIE DE VOIR CE FILM, LIZ
EXCUSEZ-MOI
© 2000 PAWS, INC./Distributed by Universal Press Syndicate
TIENS ! ÇA COMMENCE !
EXCUSEZ-MOI... PARDON...
www.garfield.com
JIM DAVIS 7-3
I ♥ ELVIS

FALLAIT-IL QUE NOUS CHANGIONS DE FAUTEUILS ?
JIM DAVIS 7-4
© 2000 PAWS, INC./Distributed by Universal Press Syndicate
JE NE VOYAIS RIEN AVEC CE TYPE DEVANT MOI
MAIS LA PREMIÈRE RANGÉE ?
JE LOUCHE À PRÉSENT
www.garfield.com
AU MOINS, NOUS NE SAIGNERONS PAS DU NEZ
J'AI MAL AU COU
SI CES GICLEURS SE DÉCLENCHENT, NOUS MOURRONS NOYÉS

SAPRISTI, L'ODEUR DU MAÏS ÉCLATÉ EST TENTANTE, NON ?
JIM DAVIS 7-5
© 2000 PAWS, INC./Distributed by Universal Press Syndicate
EUH... S'IL TE PLAÎT...
www.garfield.com
VA T'EN CHERCHER !

PLUTÔT EFFROYABLE, CE FILM, HEIN LIZ ? SI VOUS ÊTES EFFRAYÉE, N'HÉSITEZ PAS À VOUS BLOTTIR CONTRE MOI
JIM DAVIS 7-6
© 2000 PAWS, INC./Distributed by Universal Press Syndicate
RAAAHHHRR!!!
MON CHEVALIER DANS SON ARMURE
PLUTÔT TA POULE MOUILLÉE DANS SON TRICOT
www.garfield.com

MERCI POUR LE CINÉ, JON. VOUS ÊTES GENTIL
JE VEUX QUE VOUS SACHIEZ QUE...
HONK PIN-PON
© 2000 PAWS, INC./Distributed by Universal Press Syndicate
GARFIELD ! SI TU NE CESSES PAS, J'ARRACHE LE KLAXON DE LA COLONNE DE DIRECTION ET JE TE L'ENFONCE DANS LES NARINES !
www.garfield.com
SLAM!
LIZ ?
JIM DAVIS 7-7

QU'Y A-T-IL ? MALHEUREUX EN AMOUR ?
ÇA SE VOIT ?
JIM DAVIS 7-8
© 2000 PAWS, INC./Distributed by Universal Press Syndicate
C'EST ÉCRIT DANS VOS YEUX
QU'EST-IL ÉCRIT DANS MES YEUX ?
www.garfield.com
QUE VOUS PRENEZ UN CAFÉ EN HABIT AVEC VOTRE CHAT DANS UN CASSE-CROÛTE UN SAMEDI SOIR
IRMA EST VOYANTE

GARFIELD
© 2000 PAWS, INC./Distributed by Universal Press Syndicate
SALUT LE CHAT
SALUT L'ARBRE
T'AS ENVIE DE GRIMPER ?
PAS DU TOUT
ASTUCIEUX, MAIS JE N'EN FERAI RIEN
BEL EFFORT
DING
JE ME SENS FAIBLIR
JIM DAVIS 7-9

JOYEUX LUNDI !
L'OXYMORON DES OXYMORONS
© 2000 PAWS, INC./Distributed by Universal Press Syndicate
www.garfield.com
JIM DAVIS 7-10

UN OISEAU MORT GÎT SUR LA PELOUSE. IL A DÛ SE FRACASSER CONTRE LA FENÊTRE
PAUVRE LINOTTE
WHAM !
LA PORTE COULISSANTE EST EN VERRE
© 2000 PAWS, INC./Distributed by Universal Press Syndicate
www.garfield.com
JIM DAVIS 7-11

PSST, L'AMI, PAR ICI !
JIM DAVIS 7-12
VEUX-TU ACHETER UNE MONTRE ?
© 2000 PAWS, INC./Distributed by Universal Press Syndicate
www.garfield.com

DING-DONG
JIM DAVIS 7-13
NOUS FAUT-IL DES TRUFFES ?
www.garfield.com

BARBARA, ACCEPTERIEZ-VOUS DE SORTIR AVEC...
-CLIC
JIM DAVIS 7-14
ALLÔ ?... ALLÔ ?!
INCROYABLE ! ON NOUS A COUPÉS !
SURTOUT, NE PAS CONTREDIRE LE MALADE
www.garfield.com

CUI
DAILY NEWS
JIM DAVIS 7-15
CUI
CUI
DAILY NEWS
... CUI
www.garfield.com

GARFIELD®
GA
R
PING
F
ZING
I
WING
© 2000 PAWS, INC./Distributed by Universal Press Syndicate
E
SCREEEE
GARFIELD
MIAM
GARFIELD
L
UNE AUTRE ?
D
GARFIELD
JIM DAVIS 7-16

ÇA SENT LE HAMBURGER
JIM DAVIS 7-17
NE SENS-TU PAS LE HAMBURGER ?
© 2000 PAWS, INC./Distributed by Universal Press Syndicate
TU DEVRAIS INSTALLER CE TRUC À L'EXTÉRIEUR
MAIS JE SUIS **À L'EXTÉRIEUR**
www.garfield.com

LA BATTERIE DE L'AUTO EST ENCORE À PLAT
JIM DAVIS 7-18
JE COMPRENDS MAL COMMENT JE PEUX CHAQUE FOIS OUBLIER D'ÉTEINDRE LES PHARES
© 2000 PAWS, INC./Distributed by Universal Press Syndicate
À PROPOS DE VOS MATCHES NOCTURNES...
www.garfield.com

JE DÉCLARE QU'IL N'Y A AUCUNE SOURIS ICI!
JIM DAVIS 7-19
© 2000 PAWS, INC./Distributed by Universal Press Syndicate
www.garfield.com
SI ON TE POSE LA QUESTION, T'ES UNE GERBOISE

TOC
TOC
LE BARDAGE EN ALU DOIT DISPARAÎTRE
MAIS JE L'AI EU POUR PRESQUE RIEN !

SSS
SSS
SSS
OÙ VAS-TU ?
EN SUISSE

QUEL EST LE MEILLEUR MOYEN DE SE DÉBARRASSER DES SOURIS ?
SAPRISTI, QUELLE BONNE IDÉE !
«PRENEZ... UN... CHAT»
J'ÉTOUFFE SOUS LE SARCASME

GARFIELD
PUIS-JE T'EMPRUNTER DEUX GRILLONS ?
NAVRÉ
ALORS UNE PINCÉE DE MOUCHERONS ?
NON, L'AMI
ALORS DES DÉS DE BOUSIER ?
JE N'EN AI PLUS
UN ÉMINCÉ DE MILLE-PATTES ?
JE L'AI TOUT MANGÉ HIER
UNE POIGNÉE DE MOUCHES DE FRUITS ?
SI TU ME L'AVAIS DEMANDÉE HIER
ADIEU MA FRICASSÉE !
LE CIEL SOIT LOUÉ !
JIM DAVIS 7-23
© 2000 PAWS, INC./Distributed by Universal Press Syndicate

SOURIEZ ET LE MONDE ENTIER VOUS SOURIRA
JE NE FERAI PLUS JAMAIS CELA
© 2000 PAWS, INC./Distributed by Universal Press Syndicate
JIM DAVIS 7-24
www.garfield.com

TOUT EST AU BEAU FIXE DANS MON UNIVERS
NOUS N'AVONS PLUS DE SHAMPOOING, ALORS J'AI PRIS DE L'ENCAUSTIQUE
PAR CHANCE, JON NE VIT PAS DANS MON UNIVERS
© 2000 PAWS, INC./Distributed by Universal Press Syndicate
JIM DAVIS 7-25
www.garfield.com

ON DIT QUE LA PRÉSENCE D'UN ANIMAL DE COMPAGNIE PEUT RÉDUIRE L'HYPERTENSION
ON DIT QU'UN ANIMAL DE COMPAGNIE PERMET DE SE RELAXER
IL ME FAUT UN FORET DE 8 MM
... VOILÀ CE QU'ON DIT
JIM DAVIS 7-26
© 2000 PAWS, INC./Distributed by Universal Press Syndicate
www.garfield.com

SAVIEZ-VOUS QUE LES CHIENS HALÈTENT POUR SE RAFRAÎCHIR ?
OUF OUF OUF OUF OUF OUF OUF OUF
JIM DAVIS 7-27
© 2000 PAWS, INC./Distributed by Universal Press Syndicate
OUF OUF OUF OUF OUF OUF OUF OUF OUF OUF OUF OUF
www.garfield.com
ET POUR M'EMBÊTER ?

HÉLÈNE, QUE DIRIEZ-VOUS DE NAVIGUER CE SOIR DANS LE TUNNEL DE L'AMOUR ?
JIM DAVIS 7-28
© 2000 PAWS, INC./Distributed by Universal Press Syndicate
VOUS PRÉFÉRERIEZ ALLER AILLEURS ?
www.garfield.com
NON, JE N'AI JAMAIS ENTENDU PARLER DU TUNNEL DU VOMI
JE SAIS OÙ C'EST

JE VAIS M'ALLONGER ICI UN MOMENT
© 2000 PAWS, INC./Distributed by Universal Press Syndicate
APRÈS QUOI...
www.garfield.com
JE VAIS M'ALLONGER ICI UN MOMENT
JIM DAVIS 7-29

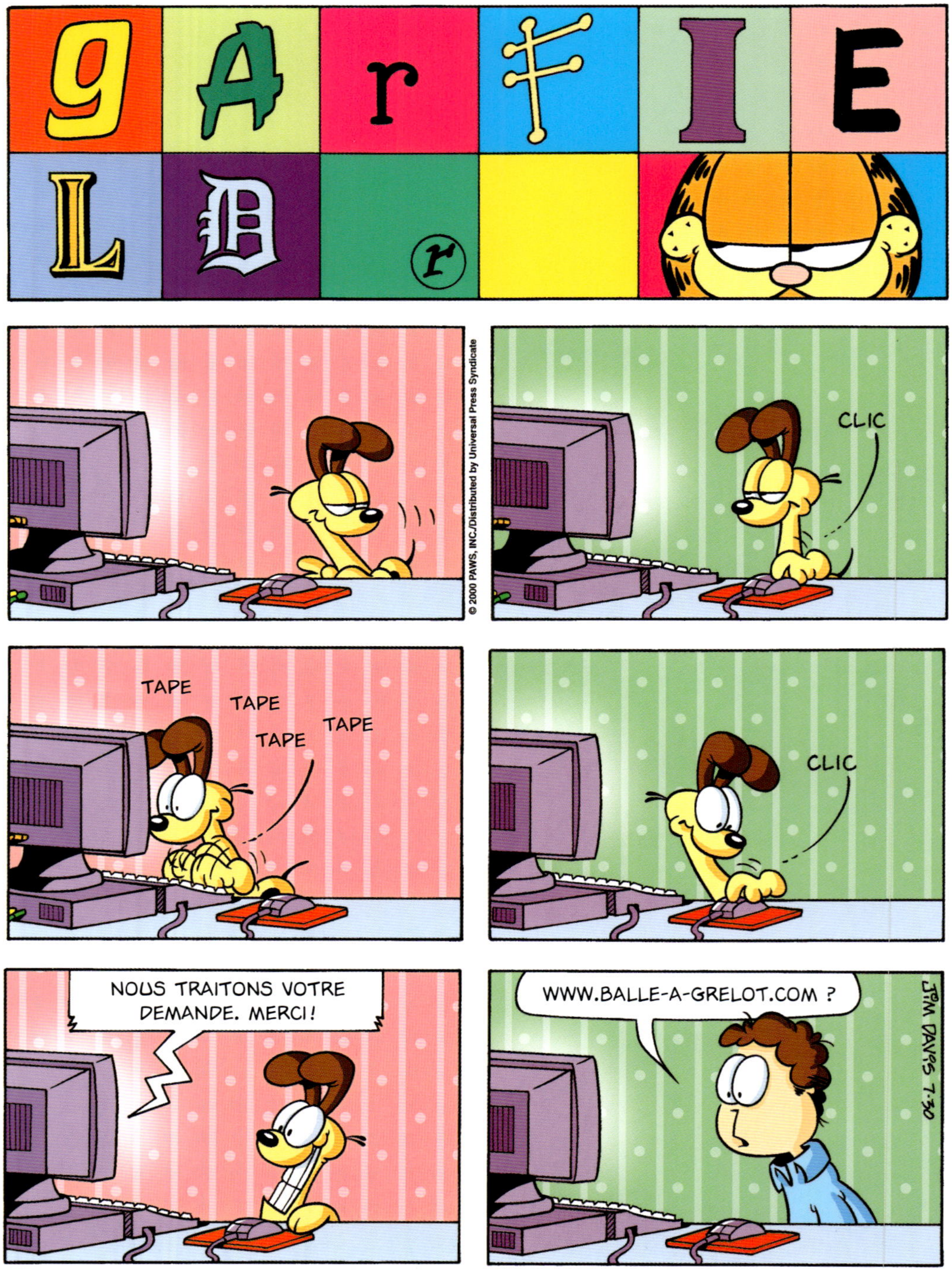

gArFIELD
© 2000 PAWS, INC./Distributed by Universal Press Syndicate
CLIC
TAPE
TAPE
TAPE
TAPE
CLIC
NOUS TRAITONS VOTRE DEMANDE. MERCI!
WWW.BALLE-A-GRELOT.COM ?
JIM DAVIS 7-30

VOICI LE PRINCE DE LA PARESSE !
SALUONS TOUS SON ALTESSE, LE PRINCE DES GROS LARDS !
GARDES, BOUCLEZ-LE !
© 2000 PAWS, INC./Distributed by Universal Press Syndicate
www.garfield.com
JPM DAVIS 7-31

IL Y A DES JOURS OÙ J'AI ENVIE DE NE RIEN FAIRE. AUJOURD'HUI, PAR EXEMPLE
© 2000 PAWS, INC./Distributed by Universal Press Syndicate
www.garfield.com
JPM DAVIS 8-1

GARFIELD, TU NE FAIS QUE DORMIR
QU'ADVIENDRAIT-IL SI TOUT LE MONDE FAISAIT COMME TOI ?
NOUS SERIONS UN PEUPLE PAUVRE MAIS REPOSÉ
© 2000 PAWS, INC./Distributed by Universal Press Syndicate
www.garfield.com
JPM DAVIS 8-2

SALUT, JE SUIS UN VER
JE CREUSE SOUS TERRE ET JE BOUFFE DE LA TERRE
QUEL EST TON PASSE-TEMPS FAVORI ?
J'AIME DÉAMBULER SUR LE TROTTOIR APRÈS UNE ONDÉE
JIM DAVIS 8-3
© 2000 PAWS, INC./Distributed by Universal Press Syndicate
www.garfield.com

ÇA TE PLAÎT D'ÊTRE UN VER ?
LES CHATS MANGENT-ILS LES VERS ?
NON
J'ADORE ÊTRE UN VER
JIM DAVIS 8-4
© 2000 PAWS, INC./Distributed by Universal Press Syndicate
www.garfield.com

AINSI, TU VIS SOUS LA TERRE ET TU EN MANGES ?
EN EFFET
QUELLE EST TON OCCUPATION ?
JE CREUSE
CE N'EST PAS TRÈS PRESTIGIEUX
ÇA MET DE LA TERRE SUR LES ÉPINARDS
JIM DAVIS 8-5
© 2000 PAWS, INC./Distributed by Universal Press Syndicate
www.garfield.com

Garfield®
SAPRISTI, C'EST LA CANICULE AUJOURD'HUI!
TU PARLES
© 2000 PAWS, INC./Distributed by Universal Press Syndicate
ON DIRAIT QUE T'AS BESOIN DE TE RAFRAÎCHIR...
NON, NON, NON... TU N'ES QU'UN MIRAGE. TU N'EXISTES PAS
TU N'EN SERAS JAMAIS ASSURÉ TANT QUE TU NE M'AURAS PAS GOÛTÉ
N'HÉSITE PLUS! TU SAIS QUE T'EN AS ENVIE
IL LÈCHE VOTRE NAIN DE JARDIN ?
JIM DAVIS 8-6

GARFIELD, EST-CE TON CAFÉ OU LE MIEN ?
JIM DAVIS 8-7
© 2000 PAWS, INC./Distributed by Universal Press Syndicate
GLOU GLOU
LE MIEN
www.garfield.com

OUAH! OUAH!
© 2000 PAWS, INC./Distributed by Universal Press Syndicate
OUAH! OUAH! OUAH! OUAH!
JIM DAVIS 8-8
www.garfield.com
BIEN DIT!

JE CRAINS DE M'ÊTRE CLAQUÉ UN MUSCLE DU PETIT DOIGT EN TAILLANT LE BOUGAINVILLÉE
JIM DAVIS 8-9
© 2000 PAWS, INC./Distributed by Universal Press Syndicate
www.garfield.com
J'AI MAL!
RECULEZ! LAISSONS-LUI DE L'AIR... L'AMBULANCE EST EN ROUTE...

JIM DAVIS 8-10
TU ME COURROUCES
DICTIONNAIRE
MERCI !
© 2000 PAWS, INC./Distributed by Universal Press Syndicate
www.garfield.com

CE MATIN, J'AI VU UNE FEMME QUI AVAIT UNE BOULE DE QUILLES TATOUÉE SUR LE MOLLET
JIM DAVIS 8-11
ELLE AVAIT UN CACHE-ŒIL ET PORTAIT UN IGUANE
TU L'AS INVITÉE, PAS VRAI ?
ELLE M'A IGNORÉ COMME UN CANARD BOITEUX
© 2000 PAWS, INC./Distributed by Universal Press Syndicate
www.garfield.com

MIUM... QUEL BON REPAS NOUS AVONS FAIT !
QUOI DONC ?... SI, BIEN SÛR
CE GARÇON RAFFOLE DE LA PIZZA
MIAM
PIZZA
JIM DAVIS 8-12
© 2000 PAWS, INC./Distributed by Universal Press Syndicate
www.garfield.com

GARFIELD®
JE SUIS UNE MOUCHE
JE VOIS
© 2000 PAWS, INC/Distributed by Universal Press Syndicate
J'AI DES AILES ALORS QUE TU N'EN AS PAS. JE PEUX VOLER, PAS TOI
JE PEUX ME PROMENER AU PLA-FOND ET PAS TOI
J'AI LES YEUX COMPOSÉS DE CENTAINES DE FACETTES HEXAGONALES IMBRIQUÉES ET...
SMACK
AVEC TOUS SES YEUX, ELLE AURAIT PU ME VOIR VENIR
JIM DAVIS 8-13

ENFANT, J'ÉTAIS SOLITAIRE
FLÛTE!
JIM DAVIS 8-14
© 2000 PAWS, INC./Distributed by Universal Press Syndicate
LES ANIMAUX DE LA FERME ÉTAIENT MES COMPAGNONS
www.garfield.com
AS-TU DÉJÀ TENTÉ DE FAIRE GRIMPER UNE GÉNISSE À UN ARBRE ?
JE PRÉFÈRE NE PAS Y SONGER

URSUELLA NELSON, MA PREMIÈRE COPINE
PHOTOS
© 2000 PAWS, INC./Distributed by Universal Press Syndicate
NOUS AVONS FAIT LES QUATRE CENTS COUPS
PHOTOS
www.garfield.com
LE SOIR, NOUS NOUS GLISSIONS DANS L'ÉTABLE ET NOUS BUVIONS DU LAIT NON PASTEURISÉ!
UNE AUTRE PIÈCE DU PUZZLE
PHOTOS
JIM DAVIS 8-15

JE NE SUIS PLUS UN CAMPAGNARD, MAMAN
JIM DAVIS 8-16
© 2000 PAWS, INC./Distributed by Universal Press Syndicate
J'ACHÈTE MÊME DES ŒUFS À L'ÉPICERIE
www.garfield.com
MAMAN, NE PLEURE PAS!
T'AURAIS PU LE LUI APPRENDRE AVEC PLUS DE DOIGTÉ

JE ME RAPPELLE NOS SOIRÉES À LA FERME...
UNE DOUCE BRISE SOUFFLAIT SUR LE PRÉ...
NOUS NOUS POURSUIVIONS ARMÉS D'AIGUILLONS À BÉTAIL...
LEUR EAU ÉTAIT CONTAMINÉE

VOICI UNE BELLE PHOTO DE LA FERME
PRISE LE JOUR OÙ NOUS AVONS INSTALLÉ LA PLOMBERIE
TOUTE LA FAMILLE S'EST RÉUNIE AUTOUR DE LA CUVETTE
TA MÈRE SEMBLE SI FIÈRE DE COUPER LE RUBAN

JE N'ÉTAIS PAS POPULAIRE AUPRÈS DES AUTRES GAMINS
VA SAVOIR POURQUOI
LES AUTRES ENFANTS JOUAIENT À LA CORDE À SAUTER
ET, LORSQUE JE ME POINTAIS, ILS ME FICELAIENT À UN ARBRE
AU MOINS, ILS T'INCLUAIENT DANS LEURS JEUX

GARFIELD®
© 2000 PAWS, INC./Distributed by Universal Press Syndicate
JIM DAVIS 8-20
C'EST BON, ÇA FAIT TROIS FOIS. COUCHÉ, À PRÉSENT!

JIM DAVIS 8-21
© 2000 PAWS, INC./Distributed by Universal Press Syndicate
www.garfield.com
RAPPORTE MON PANTALON !

FLIP !
FLAP !
© 2000 PAWS, INC./Distributed by Universal Press Syndicate
AAIIIIIEEEEE
www.garfield.com
QUOI DE MIEUX QU'UN PEU DE LOTION APRÈS-RASAGE POUR DÉCELER UNE COUPURE FAITE PAR DU PAPIER
JIM DAVIS 8-22

J'AI PU DÉBOUCHER LA CUVETTE
JIM DAVIS 8-23
© 2000 PAWS, INC./Distributed by Universal Press Syndicate
TU SAIS DE QUOI IL S'AGISSAIT ?
www.garfield.com
ALORS ?!
IL BUVAIT ET J'AVAIS ENVIE DE RIGOLER

WHIRRRRRRRRRRR
VAS-Y JONNY! TE GÊNE PAS!
JIM DAVIS 8-24
© 2000 PAWS, INC./Distributed by Universal Press Syndicate
WHIRRRRRRRRRRR
FAIS-LUI MAL, JONNY!
WHIRRRRRRRRRRRR
ENCORE UN QUART DE TOUR!
www.garfield.com
GARFIELD

DING-DONG
© 2000 PAWS, INC./Distributed by Universal Press Syndicate
YAAAHHHH!
TA JOLIE EST ICI
www.garfield.com
JIM DAVIS 8-25

C'EST TRISTE QUE TU SOIS INCAPABLE DE PARTAGER
© 2000 PAWS, INC./Distributed by Universal Press Syndicate
www.garfield.com
TRISTE POUR TOI, PEUT-ÊTRE
JIM DAVIS 8-26

GARFIELD®
HIP! HIP!
HOURRA!
EXXXX-CCELLLL-LLLENT!
HOU! HOU! HOU! HOU!
BOUM! BOUM! BOUM! BOUM!
QUI A GAGNÉ ? QUI A GAGNÉ ?
PAS MOI
JIM DAVIS 8.27

LES SAVANTS PRÉVOIENT UNE AUTRE ÉPOQUE GLACIAIRE
JIM DAVIS 8-28
© 2000 PAWS, INC./Distributed by Universal Press Syndicate
DANS PRÈS DE DEUX MILLIONS D'ANNÉES
www.garfield.com
TU FERAIS BIEN DE T'ACHEMINER VERS LA CAVE, GARFIELD
HA HA HA

ON VIENT DE METTRE AU JOUR UNE VILLE ANCIENNE
© 2000 PAWS, INC./Distributed by Universal Press Syndicate
PEUT-ÊTRE UN JOUR TROUVERA-T-ON NOTRE MAISON ?
www.garfield.com
JE ME DEMANDE CE QU'ON DIRA ALORS
«ON MET AU JOUR D'AFFREUSES CRAVATES»
JIM DAVIS 8-29

© 2000 PAWS, INC./Distributed by Universal Press Syndicate
JE SUIS ENCORE LÀ
www.garfield.com
JE PEUX LIRE **TRÈS** LENTEMENT
JE PEUX M'ASSEOIR **TRÈS** LONGTEMPS
JIM DAVIS 8-30

HIER, J'AI VU UNE BELLE FILLE DANS LE BUS, GARFIELD
CE FUT LE COUP DE FOUDRE
DU MOINS, POUR MOI
«UNE FILLE SAUTE D'UN BUS BONDÉ»
JIM DAVIS 8-31
© 2000 PAWS, INC./Distributed by Universal Press Syndicate
www.garfield.com

DÈS QUE J'EN AI TERMINÉ AVEC LE JOURNAL, JE TE DONNE À MANGER
JIM DAVIS 9-1
KRICH KRICH
KRICH
KRICH
J'AI AUSSITÔT SU QUE JE N'AURAIS PAS DÛ DIRE ÇA
T'EN A TERMINÉ AVEC LE JOURNAL, DONNE-MOI À MANGER!
© 2000 PAWS, INC./Distributed by Universal Press Syndicate
www.garfield.com

IL Y A DES TAS DE PROBLÈMES EN CE MONDE
DONT **CERTAINS** NE TE SONT PAS ATTRIBUABLES
DE RARES ÉLOGES
JIM DAVIS 9-2
© 2000 PAWS, INC./Distributed by Universal Press Syndicate
www.garfield.com

GARFIELD
JIM DAVIS 9-3
© 2000 PAWS, INC./Distributed by Universal Press Syndicate
!
TAPE
TAPE
Angoisses
II

AU SECOURS ! JE SUIS UN BEIGNET À LA CONFITURE !
JE CRAINS D'ÊTRE BOUFFÉ TOUT CRU !
VEUX-TU ME PROTÉGER ?
CERTAINS JOURS, LA VIE NOUS SOURIT
JIM DAVIS 9-4
www.garfield.com
© 2000 PAWS, INC./Distributed by Universal Press Syndicate

J'AI CHAUD
J'AI CHAUD
C'EST MOI QUI AI CHAUD. TU DOIS AVOIR FROID
JIM DAVIS 9-5
www.garfield.com
© 2000 PAWS, INC./Distributed by Universal Press Syndicate

LE DERNIER BISCUIT A DISPARU
JE CROIS SAVOIR, SANS ME TROMPER, OÙ IL EST PASSÉ
NE PRÉSUME DE RIEN
CE N'EST PAS MOI QUI AI DES PÉPITES DE CHOCOLAT SUR LA LANGUE
JIM DAVIS 9-6
www.garfield.com
© 2000 PAWS, INC./Distributed by Universal Press Syndicate

WWW.CAFEMINUTE.COM
TIC TIC TIC
www.garfield.com
CLIC
DING-DONG
© 2000 PAWS, INC./Distributed by Universal Press Syndicate
JE SUIS OFFICIELLEMENT UN MORDU D'INTERNET
JIM DAVIS 9-7

POURQUOI REFUSES-TU DE M'ACCOMPAGNER, BETH ?!
JIM DAVIS 9-8
www.garfield.com
JE NE SAIS PAS DANSER ?! MAIS JE **SAIS** DANSER !
© 2000 PAWS, INC./Distributed by Universal Press Syndicate
EN CE MOMENT, JE DANSE LE SHIMMY AVEC MON CHAT !
POURQUOI MÈNES-TU TOUJOURS ?

FLÛTE QU'IL FAIT CHAUD !
www.garfield.com
CLOP CLOP CLOP
© 2000 PAWS, INC./Distributed by Universal Press Syndicate
ET NOUS MANQUONS DE BACS À GLAÇONS !
JIM DAVIS 9-9

Garfield®
© 2000 PAWS, INC./Distributed by Universal Press Syndicate
JIM DAVIS 9-10

www.garfield.com
GUILI,
GUILUI,
GOU !
© 2000 PAWS, INC./Distributed by Universal Press Syndicate
TU NE RESTERAS PAS
TOUJOURS AU PLAFOND
JIM DAVIS 9-11

J'AI BOUFFÉ
UN MILLE-PATTES
À MIDI
JIM DAVIS 9-12
www.garfield.com
COMMENT ÇA S'EST
PASSÉ ?
MAL !
© 2000 PAWS, INC./Distributed by Universal Press Syndicate
IL EST DESCENDU EN DONNANT
UN COUP DE PATTE ET EN CRIANT,
EN DONNANT UN COUP DE PATTE
ET EN CRIANT...

JIM DAVIS 9-13
www.garfield.com
SWAT SWAT SWAT
SWAT SWAT
© 2000 PAWS, INC./Distributed by Universal Press Syndicate
VOILÀ UNE IMPRESSIONNANTE
COURSE EN TERRAIN DÉCOUVERT
MERCI

MON ONCLE BARTON ÉTAIT ACTEUR
IL EST DÉCÉDÉ LORS DU TOURNAGE D'UNE PUB D'INSECTICIDE
LE SYNDICAT LUI A FAIT DES FUNÉRAILLES... COCON OUVERT... SALVE D'HONNEUR DE 21 MOUCHES, LA TOTALE !
TU M'ENNUIES
© 2000 PAWS, INC./Distributed by Universal Press Syndicate
www.garfield.com
JIM DAVIS 9-14

AS-TU ÉCRASÉ MON MARI HIER ?
PROBABLEMENT
ALORS L'ASSUREUR TE DEMANDE DE SIGNER CES DOCUMENTS POUR CONFIRMER QU'IL N'EST PAS MORT AU TRAVAIL
QUELLE ÉTAIT SON OCCUPA-TION ?
PARASITE DOMESTIQUE
ALORS, IL ÉTAIT AU TRAVAIL, MADAME
© 2000 PAWS, INC./Distributed by Universal Press Syndicate
www.garfield.com
JIM DAVIS 9-15

VEUX-TU QUE JE TE RACONTE MA VIE ?
OUI
SMACK
FAIS-M'EN LE RÉSUMÉ
© 2000 PAWS, INC./Distributed by Universal Press Syndicate
www.garfield.com
JIM DAVIS 9-16

GARFIELD
1
JALAPEÑO
PFEU
© 2000 PAWS, INC./Distributed by Universal Press Syndicate
CAYENNE
HABAÑERO
PIMENT PÉRUVIEN
FOOM
TU GAGNES
POURQUOI NE SUIS-JE PAS HEUREUX ?
JIM DAVIS 9.17

TU LIS ?
PLUTÔT QUE DE T'INTÉRESSER À MOI ?!
VOICI UN ARTICLE À TON SUJET
JE PEUX PATIENTER
CHAT
© 2000 PAWS, INC./Distributed by Universal Press Syndicate
www.garfield.com
JIM DAVIS 9.18

LE CHIEN FAIT «WOUF»
LA VACHE FAIT «MEU»
ET LE CHAT FAIT...
FOUS-MOI LA PAIX OU JE MORDS TON LIVRE
JIM DAVIS 9.19
© 2000 PAWS, INC./Distributed by Universal Press Syndicate
www.garfield.com

IL NE CESSE PAS DE LIRE
FAISANT FI DE MES BESOINS
CE QUI M'OBLIGE À LUI ARRACHER UN DE SES CHEVEUX
© 2000 PAWS, INC./Distributed by Universal Press Syndicate
www.garfield.com
JIM DAVIS 9.20

CE SERAIT FANTASTIQUE DE MARCHER SUR LA LUNE, NON ?
JE VOIS TON STRATAGÈME, L'AMI
TU TENTES ENCORE DE M'IMPOSER DE L'EXERCICE PHYSIQUE !
© 2000 PAWS, INC./Distributed by Universal Press Syndicate
www.garfield.com
JIM DAVIS 9-21

«UNE SOURIS DE CAOUTCHOUC AMUSERA VOTRE CHAT DES HEURES DURANT»
JIM DAVIS 9-22
© 2000 PAWS, INC./Distributed by Universal Press Syndicate
D'AILLEURS, À CE PROPOS...
www.garfield.com
OÙ EST LA TIENNE ?
FONDUE. TRANSFORMÉE EN BOUCHONS D'OREILLES

CHAQUE JOUR, JON APPREND UN MOT
© 2000 PAWS, INC./Distributed by Universal Press Syndicate
EN VOICI UN BEAU !
www.garfield.com
JIM DAVIS 9-23
LE MÊME MOT
«AVELINE»

GARFIELD
ES-TU PRÊT, FISTON ?
OUI PAPA
© 2000 PAWS, INC./Distributed by Universal Press Syndicate
DEPUIS DES GÉNÉRATIONS, NOS MÂLES SUBISSENT L'ÉPREUVE
CELUI QUI ATTRAPE LA BRIQUE DIRIGE NOTRE PEUPLE
TU SERAS FIER DE MOI, PAPA
BONNE CHANCE, FISTON
PROUF
JE SUPPOSE QUE TU ES ENCORE LEUR CHEF
VA SAVOIR
JIM DAVIS 9.24

© 2000 PAWS, INC./Distributed by Universal Press Syndicate
www.garfield.com
HORS D'USAGE
JIM DAVIS 9-25

JON A TOUJOURS CRÉÉ SON PROPRE STYLE
© 2000 PAWS, INC./Distributed by Universal Press Syndicate
SQUIC
CLANC
SQUIC
CLANC
www.garfield.com
UN PANTALON EN INOX
JE SUIS TENDANCE
JIM DAVIS 9-26

PFFFFFFFFFFFFFFT !
JIM DAVIS 9-27
© 2000 PAWS, INC./Distributed by Universal Press Syndicate
À TOI MAINTENANT !
www.garfield.com
VITE UNE SERVIETTE !

TU FERAIS MIEUX DE NE PAS ME CUEILLIR, CHATON, SINON...
JIM DAVIS 9-28
© 2000 PAWS, INC./Distributed by Universal Press Syndicate
JE LE DIRAI À MON GRAND FRÈRE !
www.garfield.com
ÉPARGNE-MOI

MA CHÈRE DAME, C'EST VENDREDI SOIR !
JIM DAVIS 9-29
© 2000 PAWS, INC./Distributed by Universal Press Syndicate
AIMERIEZ-VOUS ALLER AU CINÉ OU BOIRE UN VERRE ?
www.garfield.com
VOUS POUVEZ TRICOTER N'IMPORTE QUAND, GRAND-MÈRE
UN NOUVEAU RECORD EN MATIÈRE DE REJET

JE ME SENS PARFOIS REJETÉ
JIM DAVIS 9-30
© 2000 PAWS, INC./Distributed by Universal Press Syndicate
ENFIN, LE COURRIER ! UNE LETTRE POUR MOI ?
UNE SEULE...
www.garfield.com
UN AVIS D'EXPULSION DE LA PLANÈTE TERRE

GARFIELD®
© 2000 PAWS, INC./Distributed by Universal Press Syndicate
HÉ! IL Y A DES POILS DE CHAT DANS LE GAUFRIER!
TU NE M'APPRENDS RIEN DE NOUVEAU!
JIM DAVIS 10-1

PAS FACILE DE S'OCCUPER D'UN CHAT, MAIS C'EST GRATIFIANT
POUR LE CHAT, S'ENTEND
© 2000 PAWS, INC./Distributed by Universal Press Syndicate
www.garfield.com
JIM DAVIS 10-2

VOICI UNE AUTRE PELOTE DE LAINE
DOUBLONS LE PLAISIR
© 2000 PAWS, INC./Distributed by Universal Press Syndicate
www.garfield.com
JIM DAVIS 10-3

VIVE LE PLAISIR SIMPLE DE SE CACHER DANS UN PANIER DE LESSIVE
SORS DE LÀ !
PRENDS GARDE D'OFFENSER ZARTOK, TERRIEN !
© 2000 PAWS, INC./Distributed by Universal Press Syndicate
www.garfield.com
JIM DAVIS 10-4

© 2000 PAWS, INC./Distributed by Universal Press Syndicate
www.garfield.com
JIM DAVIS 10-5
JE PEIGNAIS ALORS QUE TU MUAIS
J'ADORE LE NOUVEAU LOOK DE CETTE PIÈCE!

ET SI JE COURAIS APRÈS MA QUEUE
© 2000 PAWS, INC./Distributed by Universal Press Syndicate
JE T'AI
www.garfield.com
JE NE VOIS PAS CE QUE LES CHIENS TROUVENT À CE JEU
JIM DAVIS 10-6

ÉCOUTEZ-MOI ÇA!
RRRRRR
RRRRRR
RRRRRR
© 2000 PAWS, INC./Distributed by Universal Press Syndicate
LE RONRON D'UN CHAT SATISFAIT
RRRRRR
RRRRRR
RRRRRR
www.garfield.com
T'AS ENCORE OUBLIÉ DE SECOUER LA MANETTE
RRR
RRR
JIM DAVIS 10-7

GARFIELD
BLA, BLA, BLA, BLA, BLA, BLA, BLA...
BLA, BLA, BLA, BLA, BLA, BLA, BLA...
BLA, BLA, BLA, BLA, BLA, BLA, BLA...
BLA, BLA, BLA, BLA, BLA, BLA, BLA...
BLA, BLA, BLA, BLA, BLA, BLA, BLA...
JIM DAVIS 10-8
... LES JOURS OÙ NOUS N'AVIONS AUCUNE
BESOGNE, DOC BOY ET MOI PRENIONS LE
TRACTEUR POUR NOUS RENDRE AU VILLAGE À
LA RECHERCHE D'UN PEU D'A NOUS
NOUS ARRÊTIONS AU POST CE BOIRE
DES COLAS. NOUS DÉCAPSU OUTEILLES
AVEC NOS DENTS. ENSUITE COMPTAIT
LES VOITURES ROUGES QUI ET MOI
LES BLEUES

J'AURAIS PU FAIRE QUELQUE CHOSE DE MA VIE
MAIS JE N'AI RIEN FAIT
© 2000 PAWS, INC./Distributed by Universal Press Syndicate
www.garfield.com
JIM DAVIS 10-9

ON A PARFOIS DU MAL À EXPRIMER SES ÉMOTIONS INTIMES
FOUTAISE
J'ADORE LE BACON!
À TOI!
© 2000 PAWS, INC./Distributed by Universal Press Syndicate
www.garfield.com
JIM DAVIS 10.10

JE ME FAIS POUSSER UNE MOUSTACHE
ÇA DONNE UN AIR VIRIL, TU SAIS
C'EST CE QUE J'AI TOUJOURS PENSÉ
© 2000 PAWS, INC./Distributed by Universal Press Syndicate
www.garfield.com
JIM DAVIS 10-11

ODIE, TU ES UN BRAVE GARÇON !
JIM DAVIS 10-12
© 2000 PAWS, INC./Distributed by Universal Press Syndicate
ET TOI, GARFIELD, TU ES UN... UN...
www.garfield.com
CHAT
« UN BRAVE GARÇON » SERAIT TROP TE DEMANDER, NON ?

CETTE BRUTE N'A PAS APPRÉCIÉ QUE JE FLIRTE AVEC SA COPINE
JIM DAVIS 10-13
LA PLAISANTERIE S'EST RETOURNÉE CONTRE LUI
© 2000 PAWS, INC./Distributed by Universal Press Syndicate
MA CRAVATE ÉTAIT DÉLICIEUSE
ÇA LUI APPRENDRA
www.garfield.com

JON ET ODIE SONT PARTIS
GARFIELD
© 2000 PAWS, INC./Distributed by Universal Press Syndicate
J'AI HORREUR D'ÊTRE SEUL
GARFIELD
www.garfield.com
IL N'Y A AUCUN PLAISIR À VOLER SA PROPRE BOUFFE
GARFIELD
JIM DAVIS 10-14

Garfield
© 2000 PAWS, INC./Distributed by Universal Press Syndicate
Z
Z
Z
Z
Z
OÙ ÉTAIS-TU PASSÉ ?
JE FAISAIS UNE SIESTE PAR ÉTAPE
JIM DAVIS 10-15

PILE!
FACE!
JIM DAVIS 10-16
© 2000 PAWS, INC./Distributed by Universal Press Syndicate
FACE!
www.garfield.com
BIENVENUE À « DANS L'HERBE AUX CHATS »

CE SOIR À « BIZARRE MAIS VRAI » NOUS INTERVIEWONS UN TYPE QUI A UN CRAMPON DANS LE CRÂNE
BONSOIR BOB! RAVI D'ÊTRE ICI
www.garfield.com
JIM DAVIS 10-17
RACONTEZ-NOUS COMMENT ÇA S'EST PASSÉ
BONSOIR BOB! RAVI D'ÊTRE ICI
© 2000 PAWS, INC./Distributed by Universal Press Syndicate
EUH... AVEZ-VOUS EU DES SÉQUELLES ?
BONSOIR BOB! RAVI D'ÊTRE ICI
DEMANDE-LUI S'IL EST RAVI D'ÊTRE LÀ

ICI LE CLOWN BINKY QUI VOUS DIT BONJOUR!
www.garfield.com
JIM DAVIS 10-18
C'EST LE JOUR DE LA SANTÉ, LES PETITS. VOYONS QUI SONNE À LA PORTE...
© 2000 PAWS, INC./Distributed by Universal Press Syndicate
C'EST PETEY, LA TIQUE BOURSOUFLÉE
QUELLE AFFREUSE MARIONNETTE

SOIT, JE L'ADMETS. JE ME SUIS TROMPÉ. VOUS VOULEZ DES EXCUSES ?!
© 2000 PAWS, INC./Distributed by Universal Press Syndicate
C'EST BON, **D'ACCORD.** JE SUIS NAVRÉ, VOUS M'ENTENDEZ ?... **NAVRÉ!**
JIM DAVIS 10-19
www.garfield.com
N-A-V-R-É!!!
M. MÉTÉO PERD SES MOYENS

HIER SOIR, J'AI FAIT QUELQUE CHOSE D'INHABITUEL
© 2000 PAWS, INC./Distributed by Universal Press Syndicate
J'AI FILMÉ NOTRE RENDEZ-VOUS GALANT
CLIC
JIM DAVIS 10-20
LA VOICI QUI CRÈVE LES PNEUS DE L'AUTO
ELLE FAIT BYE BYE
www.garfield.com

BIENVENUE À 60 MINUTES DE SILENCE TÉLÉVISÉ
www.garfield.com
JIM DAVIS 10-21
© 2000 PAWS, INC./Distributed by Universal Press Syndicate
POURQUOI NE PAS LIRE ?
C'EST UNE ÉMISSION DE QUALITÉ

GARFIELD®
MES CHEVEUX BRÛLENT!
© 2000 PAWS, INC. All Rights Reserved.
UNE MARMOTTE ME MORD LES CHEVILLES!
JE SUIS DÉPORTÉ EN MONGOLIE!
Distributed by Universal Press Syndicate
DES SAUTERELLES!
TON REPAS SERA SERVI EN RETARD
POURQUOI TOUTES LES TUILES **ME** TOMBENT-ELLES DESSUS ?
JIM DAVIS 10-22

OBSERVE CE VERRE DE LAIT...
www.garfield.com
EST-IL À MOITIÉ PLEIN OU À MOITIÉ VIDE ?
TOUT DÉPEND
© 2000 PAWS, INC./Distributed by Universal Press Syndicate
AS-TU UN DEMI-BISCUIT ?
JIM DAVIS 10-23

COT COT
www.garfield.com
COT COT
© 2000 PAWS, INC./Distributed by Universal Press Syndicate
ÇA PEUT EXPLIQUER LE CHAPEAU FRIT QU'IL A SERVI À MANGER
JIM DAVIS 10-24

NE PAS DONNER DE COUP DE PIED AU CHIEN
JIM DAVIS 10-25
www.garfield.com
NE PAS DONNER DE COUP DE PIED AU CHIEN
© 2000 PAWS, INC./Distributed by Universal Press Syndicate
WHAP!

JE SUIS DÉPRIMÉ, MAMAN
JE N'AI PAS D'AMI, LES FILLES ME FUIENT
ET LE CHAT PORTE MES CALEÇONS
JE PRÉFÈRE TES BOXERS
JIM DAVIS 10-26
www.garfield.com
© 2000 PAWS, INC./Distributed by Universal Press Syndicate

GARFIELD, CE SOIR JE SORS AVEC SALLY
ELLE AIME LES HOMMES FORTS ET VIRILS
JE PORTERAI UN COSTUME DE GORILLE
AVEC CES SOULIERS ?
JIM DAVIS 10-27
www.garfield.com
© 2000 PAWS, INC./Distributed by Universal Press Syndicate

MES MÉMOIRES... PAR JON ARBUCKLE
JE SUIS NÉ DANS UNE FERME
ENSUITE, J'AI ÉCRIT À PROPOS DE MA VIE INUTILE ET ENNUYEUSE
BREF, MAIS HONNÊTE
JIM DAVIS 10-28
www.garfield.com
© 2000 PAWS, INC./Distributed by Universal Press Syndicate

GARFIELD®
CÂLIN
DÉSOLÉ, MONSIEUR. VOUS ARRIVEZ TROP TARD. NOUS NE SERVONS PLUS LE PETIT DÉJEUNER
FLÛTE, IL EST FUTÉ
JIM DAVIS 10-29
© 2000 PAWS, INC./Distributed by Universal Press Syndicate

DING-DONG
JIM DAVIS 10-30
www.garfield.com
VOTRE CHAT EST-IL ORANGE ?
EUH, OUI
© 2000 PAWS, INC./Distributed by Universal Press Syndicate
LA PLATEBANDE DE TULIPES DE M. THROTTLE T'EST INTERDITE
GRATTE TON NEZ, QUE JE VOIE

JE CRAINS QUE DES VAMPIRES NE NOUS VISITENT
www.garfield.com
JIM DAVIS 10-31
IL Y A DEUX ORIFICES DANS MON BEIGNET
© 2000 PAWS, INC./Distributed by Universal Press Syndicate
ET LA CONFITURE EN A ÉTÉ EXTRAITE
JE SERAI DANS MON CERCUEIL

DING-DONG
www.garfield.com
JIM DAVIS 11-1
© 2000 PAWS, INC./Distributed by Universal Press Syndicate
LE COUVREUR EST LÀ POUR RÉPARER LE TOIT

DING-DONG
JPM DAVPS 11-2
www.garfield.com
© 2000 PAWS, INC./Distributed by Universal Press Syndicate
QUELQU'UN VEUT EMPRUNTER UNE TASSE DE FOURMIS

DING-DONG
JPM DAVPS 11-3
www.garfield.com
© 2000 PAWS, INC./Distributed by Universal Press Syndicate
VEUX-TU QU'ON LAVE TON AUTO ?

DING-DONG
JPM DAVPS 11-4
www.garfield.com
© 2000 PAWS, INC./Distributed by Universal Press Syndicate
QUI ÉTAIT-CE ?
JE NE CAUSE JAMAIS EXISTENTIALISME AVANT MIDI